AF492877

* 9 7 8 9 9 4 8 7 8 3 8 0 0 *

أتقلَّبُ في أسياخٍ أشدُّ من حِمَى النار هاربا من جليدٍ من بعيدٍ تراهُ ماء جميعهم من أرضِ التراب إلا أنا ساقِطٌ من السماء أترنح كإسفنجٍ ذابلٍ

مَنْ لمَسَني صرتُ في يديه ماءً

الإهـداء

في بادئ الأمر انتابني الخجل بأن أُقدِّم إهدائي لكل الذين ساندُوني، في كتابٍ قد يكون مكللاً بالفشل أو النجاح، ويذكر بعضاً من تُرهات المشاعِر...

ثم بعدها أدركت !أن نجاحي الحقيقي كان شغفي في كل خطوة خطوتها لكتابة هذا الكتاب. كل الشكر والامتنان للمولى عزَّ وجلَّ، ثم على وجه الخصوص لأمي وأبي.. إخوتي.. وأصدقائي.

روان جعداري

ثلاثون منفذاً للمشاعر

AUSTIN MACAULEY PUBLISHERS™
LONDON • CAMBRIDGE • NEW YORK • SHARJAH

الرقم الدولي الموحد للكتاب 9789948783800 (غلاف ورقي)
الرقم الدولي الموحد للكتاب 9789948783794 (كتاب إلكتروني)

رقم الطلب: MC-10-01-7469364
التصنيف العمري: E

تم تصنيف وتحديد الفئة العمرية التي تلائم محتوى الكتب وفقا لنظام التصنيف العمري الصادر عن المجلس الوطني للإعلام.

الطبعة الأولى 2023
أوستن ماكولي للنشر م. م. ح
مدينة الشارقة للنشر
صندوق بريد [519201]
الشارقة، الإمارات العربية المتحدة
www.austinmacauley.ae
+971 655 95 202

شكر وتقدير

لكل من ساهم في نشر هذا العمل ولو بِكَلِمة طيبة،ولدار النشر العريقة "أوستن ماكولي".

فهرس الكتاب

مقدمة

نستحق أن تُحفظَ مشاعرُنا في كتابٍ نُأَمِّنُه ونجعله على رفِّ الذكرى كلما احتجنا إليه.

نستحق ألَّا تحترق مشاعرُنا أو تموت في تابوت، لا نجعلها مشرَّدة على أبواب البيوت المهجورة.

نحتاج أن يتذكَّرَنا كلُّ من أهملنا وكلُّ من نسِيَنا.. أن نعترف بأوقات كِدْنا نتمزَّق فيها وكأننا قطعة من (دينيم) مهترئ.

نحتفي بمواعيد الحب والحنين التي طارَت بِنا.. يسمَعُنا كلُّ من احتجنا بقاءهُ معنا، لكنَّ الحياة كانت أسرَعَ بالنسبة لَنَا بأن نُضيِّعها في سبيل الفوز بقلب أحدِهم.. ومن احتاج بقاءنا.. هناك من هم أفضل مِنَّا في أن يبدِّل مشاعره

لأجلهم.. أن يرى كلُّ من لم يعرف الحب مراحِلَه، وأنَّه لن
يتوقَّف على مرحلتي العشق والفراق قط...

من يخافون الرحيل..

نحنُ لكم أصدقاء

هنا لِنشدد على عضدِكم

نمسح الضباب عن أعينكمونجعل الربيع في أفكاركم

تجاهلوا نداءات الخيبة

واجعلوا لكم موعدأًمع النسيان على كأسِ "كُوكتيل"

اعتراف

•أودُّ أن أعترف:

• في كل مرَّة كنت أودُّ فيها أن أعترف..

كان غيابك أشدّ طُولاً من بقائك

كانت الحيرة في عينيكِ أكثر من الطمأنينة.

• في كل مرَّة وددتُ فيها أن أعترف..

وجدتُ حُزنَكَ يحبِّذُ البقاء وحيداً لا يستقبلني

وسجائركَ تُحبِّذُ الاشتعال وحدها دون أن أشعلها أنا

كانت شفتاكَ دائماً مطبقتين تفضِّلان الصَّمت ولا تحبّان

أن أقاطعهما.

• في كل مرَّة وددتُ فيها أن أعترف..

رأيتُكِ تلبسينَ الأسود وكأنكِ تبكين وِداداً غيْرَ وِدادي.

• في كل مرَّة وددتُ فيها أن أعترف..

كانتِ الهزيمةُ حليفي لا انتصاري

تراكمت أسئلتي

وضاعت إجاباتي.

• في كل مرَّة وددتُ فيها أن أعترف..

كذبتِ، وقلتِ إن هذا من سوء أفكاري

وإنها جميعها أوهامي.

• في كل مرَّة وددتُ فيها أن أعترف..

زادتْ مخاوِفي وفقدتُ كل آمالي.

• في كل مرَّة وددتُ فيها أن أعترف..

قطعتِ كلَّ سُبُل الوِصال! وبنيتِ مائتي ألفَ حاجزٍ بينَنا

وتركتني أتخبَّطُ بين حيطاني.

أودُّ أن أعترِفَ.. لا! لا جدوى من اعترافي.

• أتمنى أن يعاوِد الحلم تكراره..

أن أراكِ تفتحين أبوابَ الوصلِ بيننا..

تشتهين حضوري..

تبذلين كل صعبٍ للوصول إليَّ

تتأجَّج فيكِ العاطفةُ من جديد

تعانقيني عناقاً أخيراً يُلهبني

وأن يغلبَك النوم على كتفي لأربع ساعات قبل أن

تمضي!تشتمين أفلامي وذوقي المُزري في الأغاني.

أن أبديَ انزعاجي من رائحة تبغكِ وتسريحةِ شعركِ

المجنونة...

أن تخبريني بأنَّكِ تفضِّلينَ وحدتكِ معي لا مع ذاتكِ

أن تتركيني أُشعلُ سجائركَ حتى تغمرني السعادة في خدمتكِ..

وأن.. تكتبي لي كل صباح..

وتضعينها تحت الجِرار البُنّية فوق طاولتكِ المُطلّة على شُرفتكِ.

أخبريني أنَّكِ تودِّين لقائي كل ليلة.. وخاصَّة عندما يكون القمر بدراً..

وأنَّ غيابي يشكِّل فارقاً كبيراً بالنسبة إليك

وأن مُدَّة الغياب بيننا مهما كانت قصيرة سوف تُدمِّرِكِ.

• أخبريني.. عندها سوف أعترف.

أُمنية

هل بإمكانكَ المجيء..
دون أن تنزعَ كبريائي؟
دون أن أبحثَ عنكَ، أو أُرسلَ الرسائل، أو أكتب لكَ
أغنيةً إن كنتُ أعُزَ عليكَ؟!
تأتي إليَّ.. بكل سُهولة لأن الحب خِفَّةٌ للرُّوح
وليس بِثَاقِلِها..
دونَ أن تنحني كرامتي وأفقدَها...
لا تهتم...
لابأس! بإمكانك أخذ الطريق المختصر إليَّ
وألَّا تأخُذَ أطولها فأنا لن أكترثَ
فالغاية دائماً تبرر الوسيلة
فقط تعالَ إليَّ...
كنتَ غاضباً، أو حائراً، أو حتى كنتَ قد فقدتَّ عقلك..
لن تشفيني كل العيوب من لهفتي
شغفي لن يهدأ وسيظل يصرخ بأعلى صوته

لا تخبرني بالشـوق فالشـوق يصمتُ
أخبرني بالحاجة المُلِحَّة إليَّ.. فالحاجة دائماً لا تشبع
أُريدُكَ
دون عُقدٍ موثَقَةٍ أو مَرخِيَّة
أو وعودٍ كانت صادقة أم كاذبة
أو اتفاقات طَرفِيَّة
صباحاً أم مساءً لا يُهم
فكُلُّ الأوقات مُلكٌ لك.

حزن

حتى الطيور ضلَّت طريقها لنواحي، وكأنَّها تعلم بأني مستاءة!

رجاء

أيقظني يا هذا!

أيقظني عندما أومن بأنَّ من شدَّ على ساعدي اليوم

سيكون غداً ملجأً خوفي، وعندما يتركني سنديَ!

أيقظني عندما أرى ضوء الشمس يتوارى بعد جُنح الليل

وأقول بأن الحظ أتى!

أيقظني حين أعلم بأن العِشقَ جميلٌ كجمالِ الجنة!

أيقظني حين أقولُ لك بأن الغيوم التي تغطِّينا هي أرواحٌ

تحرسُنا من كيد الأعداء! أيقظني عندما أقول لك بأن

لوحاتي هي محض ألوانٍ!

أيقظني عندما أجعلُ حياتي على وتيرة واحدةٍ ولا ألتفتُ

على نحو التغيير!

أيقظني عندما أميل لألوان الحِقد وأتناسى لغة السلام!

أيقظني عندما تجدِّفُ بي فوارب الهوى نحو الفسوق!

أيقظني حين، ألوّح لعدوِّي وأغفل عن أصدقائي!

أيقظني، حينما أتقطَّع شوقاً لمن لا يستحق عذابي!

أيقظني، عندما أنتظر من حَمَلَتْهم طائرة الغيابِ الطويل

ورحلُوا دون وداعي!

أيقظني، فقط أيقظني.

وأخبرني بأنَّ كل هذا محضُ أوهامٍ!

حيرة

أكثر ما يضحكني في الحب والعواطف

إن أصبحتَ أمامنا ومعنا، لا نبالي بِكَ!

كشجرة يابسة لا مأكل فيها ولا ظلَّ

وإن اختفيتَ عن أعيننا بحثنا.. لاهثين وراءَك

وكأنَّك سُقيَا من الماء في بلادٍ محرومةٍ.

احتياج

فجرٌ جديدٌ

فيه يُولَد من أغنيتنا

ألفُ معنًى

ألا تنظرين..

أني عاشقٌ مغامرٌ

يكتبُ بعمقٍ

دون أي طوق نجاةٍ؟

وأنَّ قلبي كسولٌ

يحبُ أن تَعُوليه

بشتَّى أنواعِ الحنان؟

أيُحسَبُ العُمر في البِعاد؟

معاذ الله أن أحسبهُ

أن يغيب بَدْرُكَ في ليلةٍ..

نسيتُ عدَدَ الليالي كم!

خيبة

أنتِ والبحر

كلاكما تشبهانِ بعضكما، فالبحرُ رغم غَدرِه ما زلنا ننثر

عليه ما بجُعبتنا من أسرارٍ..

أما أنتِ!

فقد أعطيتكِ سِرِّيَ الكبيرَ "قلبي"، وأنا عالِمٌ بغدرِك..

يا للخيبة العظمى..

ينساني!

من ظلَّ مكتوباً

بين عينيَّ

وعلى وجهيَ

ورحَّالاً بين عقلي

ونائماً طويلاً

داخل صدري..

يا صراعيَ الأزليَ في نفسيَ

ومن يشبهُ ذاتيَ

أيُها المُجافي

الخاليَ

مِنَ الغرامِ

من لا يتعبُ في الهجرِ

كاتماً في صدرِه

وحاملاً معهُ

وجعَ الخِصام

الجاهلُ!

إنَّنا لو

تفِصلنا البُحور

ظلَّ موشوماً بالدِّمُوعِ تحتَ

عينيَّ

وإن ذكرُوه

أرعشَ ذِكرهُ نواةَ قلبي

مَنْ لن تأخذَ

الدنيا

صبري في لِقاه

يا ليلَ أُمسياتي

ورفيقي النُور
وأُعجُوبتي
قد تأتي
الأيام
وتكسرُ الصَّمتَ
وينجُو أملي من تخييب الظُنونِ
وتصبحُ شهيداً عليْكَ.. عِندكَ
إني صدفتكُ الأفضلَ
ومع كل هذا أنتَ
بعيدٌ
غريبٌ...

ندم

لو أدركتِ عُمق اللقاء الذي كانتْ ترفضه ذاكرتانا!

لأيقنتِ أن ما بيننا يستحق فقط – نسياناً – لو تمعنتِ فقط قليلاً! لعرفتِ أني طيلة تلك السنوات التي كنت أعيش فيها معك ليست إلا كسماءٍ تغطّيها غيومٌ سوداءُ كان من المفترض أن أتوقّع أنّها ستبللني في أي لحظة ومن ثم تهجرني عليلاً!

كان لا بد لي أن أحمل حينها مِظلَّة الحذر التي كانت ستحميني من أمطارِكِ المنسكبة كوهم!

أيعقل أني يا كاذبة! قضيتُ ثلاثة أعوام من عمري وأنا أعيش واقعاً لا محسوساً.

تَبَلُّد

كُل العتبِ، كُل العزاء

لِمن لا يملِكُون مشاعرهم من بداية القِصة

ويتَّبِعون تارة قلوبهم وتارةً يتبَعُونَ عُقولهم

من أصبح لديهِم هوسُ الخوف من الودَاعات

من تبدَّلت عِندهم كل الأحاسيسِ واختلطت ببعضها

ضائعُون..

من لا يستطِيعون إطلاق سراحِ الكلِمات من حناجِرهم

لانهُم يجهلون العواقِب..

يبتلِعُونها! يخْنقونها وتخْنقهم

يرتجِفُون..

عند سماعِ الخطوَاتِ!

من فاتهم السنون وهُم على ذات الأمل

لديهِم الكثير الكثير من الأماني لِليلةٍ

في الحُبِ...

من بكت قُلوبهم على ليالٍ طويلة ذهبت في السهر

من قلوبِهم مُضطربةٌ من صرخاتِ الشوق

من أزاحوا الشمس من أيامهِم ولن يبقى لديهِم غير الليل

من لم يكسبوا من الوعود إلا مواويل الحُزن

من! إلى الآن لم يُصدِّقوا كِلمة "وداع"..

صامِتُون

فإن نطقُوا لم ينطِقُوا إلا بِالحُبِّ

من بَكَتْ حتَّى الشُموع لأحزانِهم

لأن في قُلوبِهم النّار

من أَحَبُّوا.. من يجهلُون الحُب.

انتظار

ما ذنبي؟!
أن تقيِّد قلبي في قُربِ المسافات
وفي البُعدِ تنساني...؟
ما حالي أن أذُوقَ كُلَّ هذا الولعَ في
قلبي؟
أن أشتعِل في ليلة كالنار في الهشيم
وأنطفئ بعدها؟
أنتَّ بعيد..
كالماء تجري..
تعبثُ بي..
حتى وإن شكوتُ لا تسمعُني
كيف أقول؟
حتى إني عجزتُ أن أقُول!
قد تأتي أو لا تأتي..
وإن أتيتِ!

تبدَّل يأسي
تقلَّص جُرحي
وتبدَّدَتْ كُلُّ أحزاني
تكبرُ أفراحي
تطير بي البهجة لأبعد مدى
ذهب عُمري يا كلَّ عُمري
وأخافُ أن يسأمَ مني انتظاري
وأن يخُونني إخلاصي
أن يتحول عذابِي إلى بُكاء
وليلي إلى سُهاد
أرجُوك
اشـدد على قلبي.

ظلم

حكايتي...
أن أعوُد هارباً مُسرعاً
أتكوَّمُ تحت ظلّي
دون أن أُبالي
بذبول رُوح الآخر
نفسي.. ثمَّ أنا
أن أستنجِد بالشمسِ
كصديق وأنسى أصدقائي
وأتمنَّى أن أبتلعها
حتى تدفئ أحشائي
أن أُقابِل موطني
ولحافي
مَخْضَعِي بالنُكران أن أنسى ذنوبي بالأمس
وأعوُد كالتائِب الطاهِر
واضعاً

اللومُ عليكِ.
يا لِلُؤمي!
وارتِقائي
خالٍ من تأنيب الضمير
والرضى يتطاير مِن حولي
لا مكاسِبَ
أو خساراتٍ
في الحُب تعنِيني
أعيش دورَ الحزين المُنكسِر
وأتقوقع حول هاتِفي
واثقاً بِضعفكِ وأنَّكِ لا محالة
سوف تؤوِيني
الرَغبات
العواطِف
والمشاعِر
تحت جِناحي أنا
تنطوي
وليسَتْ هي أو "أنتِ" من تطويني.

جهل

كُفَّ أذاك عني..

حُبكَ يُرعِبني

لا أجيدُ كتابتَك في الحب

ولا أن أصِفكَ في الغضب

وكأني أُكتبك في المجهول

كائناً من دخانٍ!

وكأني أقايضُ الهواء

أنفثُ عذابي.. غرباً

يأتيني جنوباً

ومِن كُلِّ الجِّهَاتِ

كلَّما مددتُ يديَ نحوكَ

ردّتني يملؤها الغُبار

أمِنْ مجالٍ أن يرجع الودّ بيننا؟

وأراكَ نوراً يلفُّني كالنَّسمات

ليتلكَ تفتِنني من جديد

أقلبي لا يستحق أن تُراعيني؟

وشـوقُ قلبي الذي طار إليك

وابتساماتي التي نوَّرَتْها دموعي.

فقد

هذه المرَّة لم يغادرني فحسب..
هذه المرَّة غادَرني بطريقة جعلتني أشعرُ، بأنه اقتلعَ
جذوره..
مني.
حبيبتي..
رغم أني لم أشْكُ من حبكِ
زاد بي الحِرمان
حتى
شَكوتُ...
أجهلُني وأجهَل
ما كُلُّ هذا الرَّكضِ الثَّقيل
في قلبي...؟
زعزعتُ سلامي
وكرهتُ
وحدتي

كأني قد بعثتُ

من جديد

بقلبٍ غير قلبي

ازداد شغفي

أتعبَني ولهيَ

فقد تولَّعتُ

بألمي وما يطفئُ تولُّعي؟

أألومُ الأيامَ؟!

أم الحظوظ الخائِبة؟

أو هذه المشاعر التي معيَ؟

أم الزمان؟!

أو أن الخطأ كلهُ

كان في المكان يا حُلمي البعيد؟

إنكار

كنتَ محضَ صدفةٍ قد تحدثُ بشكل عشوائي وبنفس الرَّتابة مع أي شخصٍ، وأوقن أيضاً أني كنتُ أراكَ بقلبيَ الضعيف لا زيادة على ذلك.

فنحنُ عندما نحبُّ شخصاً ما

فنحن نراه فقط بقلوبِنا ونُسقِطُ قابِسَ العقل خشية أن نواجه أنفسنا أن هذه هي فقط قصتنا وأنها لا تخص شخصاً آخر.. حتى إنني قد صنعتُ مواعيد غرامية وعشتها بمفردي.. خلَقتُ مِنّي شخصين: الأول أنا والآخر أنتَ!

وهذا ما قد أوصلني إلى مرحلةٍ شاقَّةٍ جِداً في التفكير

حيث ظننت أنَّ قِصَّتي فشلتْ نتيجةَ خطأ وذنبٍ ارتكبتهُ في الماضي، وأنَّ كلَّ ما يحدثُ هو عقابٌ يترصَّدُني لأجلِّ أخطائي...

وغفلتُ من سذاجتي! عن سُوئك وسوء اختياراتي

وإنني كنتُ فقط محطَّة هروبٍ تتخلَّص فيها من حقائب أحزانِك التي كانت عبئاً عليك طوال رحلتك في النسيان لشخصِك الآخر...

كيف طرأتْ لي هذه الفكرة؟!

حينما فكَّرتُ مُجَردَ فِكرةٍ بأننا سوف نجتاز مصاعِبَ الحياه معاً، في حين أننا كنا فقط نجتاز مراحل حزنكَ التي تخصّكَ وحدكَ.وعندما اختفيتَ أنتَ..

وجدت نفسي في مكاني ومحاولاتي هي محاولاتي..

لا أثرَ في تغيير أفخرُ بِه

ولا حتَّى كائناً أتباهى به

وإنجازاتي هي إنجازاتي!

كلُّ ما جنيتُه؟ هو خجل تكدَّسَ تحت أخطائي حتى ظننتهُ يقيناً بأنه من أخطائي.

استسلام

بعد كل الضجيج في رأسي
أصبحتُ الآن أكثرَ اتِّزاناً
وأخيراً أصبحتُ كما أبدُو عليه حقاً
بعدما توصلتُ لأسمى قناعاتي وأجلِّها..
أنكَ كنتَ فقط جزءاً من الحياة
وليس كُلُّ الحياة.. وهُنا يتشكَّل الفارقُ
هل كُنتُ أظنُّ أنَّك مالكٌ لسعادتي؟
وفي الحقيقة..
أنا التي كُنت أسرقها لذاتي
فمِن الرائع الآن
ومن الواجب أيضاً
أن أشكرَ نفسي
لا أن أصنع منكَ ذكرى رائعة
أو أرسمَ لكَ صورة وأضعها في حائطي

كنتَ سبباً في القرب بيننا
فأنا لم أُحاول.
ولم تجذبني فكرة القرب منك البتة
فلذلك لن تخذلني فكرةُ وداعِكَ
ولن أُجوبَ نِصفَ الكُرة الأرضية حتى أنساكَ
لطالما كان حضورك جيداً
ولكن أيضاً لم يكن غيابك بالغ الأهمية
أو قد يستحق المأساة...
لن يلحق بي الضرر لو أنك رحلتَ
هكذا وبكلِّ صُعوبةٍ ما كنتُ أرِدّدُه
في كل ليلة؛
لعلّي قد أجد منفذاً يخلّصني من عناء التفكير بِكَ
أكان الوصولُ إليَّ صعباً
إلى هذا الحد؟
أم أنني كنتُ شخصاً أقل من أن ترسم أحلامكَ الشاهِقة
بجانِبِه؟
أو أن كفاءة حبي لا تكفي بالنسبة لك؟!
أم إنك تُريدني أن أصِف صوت الفراق في صدري بصوتٍ
عالٍ؟

حتى تعرفَ مدى شوقي إليكَ

فأحزاني اختلطتْ وأصبحت مُمتزجة مع بعضها البعض

بين الماضي والحاضر؟

ثم إنَّ تاريخ يوم وداعك كان قاسياً للغاية!

اقرأ ما كتبتُه بجوارحكَ

أرجوكَ ألَّا تضعه للنسيان "وحسب"

فمهما كان حزني قاتماً

فإنَّهُ لن يبقى طويلاً.

هزيمة

ما أعظم هذا الليل، وما أبشع ذاك الليل!

الذي غلَّف لي هزيمتي للمرَّة الأولى

ورأيتها كباقة ورد أحمرَ

الذي جعلني أنساب في كلمة "حب" دون أن أقاومها

حتى...

ليتني احتفظتُ بوجهيَ وملامحيَ آنذاك، ولم أقترف هذه البشاعة؛

لأني صنعتُ لنفسي ثلاثة أوجه: فوجه الحنين ممزَّقٌ ووجه الشوق أسوأ، ووجهُ الحب أصبح مشوهاً بالكامل.

كنتُ الطرف الأوحد في تلك المواجهة، ولم أشعر حتى بوجود شخصٍ آخر يبادلني غبائي، الذي لم يكن سوى هشاشة!

هشاشة قلب، يمكن أن تمتلكه بعشر كلمات أو أقل.

خوف

أخشى أن أحلامي الحادَّة قد تُصيب دماغي بالقيح...!
فكيف يمكنني أن أرِبط الضمادَ على دماغي!

ثقة

هل أرُوْقُ لكَ؟

لأنني فقط كالظلِّ لا أبحثُ عن شريكٍ

أو لأنني أمارس كل عاداتي على كفِّ ورقة...

هل أروْقُ لكَ؟ لأنني كأرضٍ موطنكَ، خضراءُ ولكنَّها

مهملة، أو لأنني دائماً أكثر انحيازاً للسَّماء والأرض..

أو لأني ألوّنُ أمطارَكَ...

هل أرُوْقُ لَكَ؟ لأن دخاني لا يملك سوى وجهة واحدة..

أو لأني كالماء لم أشتعل لأجلك قط؟ هل أروْقُ لكَ؟ لأن

تناقضي وأنتَ تقرأ الآن يجعلكَ مفقوداً بيني وبيني!

فراق

كُنت دربي...!

قبْلَ
أن يأتيني الحُب
ويقبّلِني قبلةَ وداعٍ
دار حوليَ سبع دورات
وفي الثامِنة كانتْ
نظرة استياء!
كان يأبى الاعترافَ
عرفتُ منها يا حبيبي
أنه الفِراق
بعد ماكُنا في لِقائنا مُتوحّدَينِ
وفي إيقاع قُلوبِنا مُتناغِمَيْنِ
لم تعرِفْنا الشّكوى ولا الأنين
سطّر جرحي في قلبِي

وكيف الآن أخفيه؟

لن يجدي ما أقُول

فَالحُب يأمرُ

ونحن المَأمورون

لو أتانا من عطفِ العاشقين

وجودُ المُترفين

وذكّرنا بالعهد والصفُو الذي بيننا

لو جاءنا من أرضِ المُحِب الرَّحُوم

ولَكنهُ أتى مهاجراً

من صُدورِ الخَائبين

حقيقة

ابقَ هنا..

لكن دون لقاء

ليس مني، لكن من قيود حذَّرتْني

تمنعني الخوضَ معكَ لمسافاتٍ طويلةٍ

كان الطريق زاخراً

لكن القلب ظلَّ حائراً

وبدون قناعاتي

لن أُرضي مُعاناتي

سأعيشُ الدَّهر مُكبلاً بقيودِي

لكنْ لَن أُهْبِطَ أبداً سقفَ طموحاتي

ضيَّعْتَنِي بين مجيء ورحيل

وعتابٍ نسيَ كُلَّ جميل

ليس لدي وقت للأوهام أو الأحلام

كل ما أملكِه صوت الواقع.. لن تمحيه أصوات ليالٍ

وردية! أو أصوات حَمام..

هذا سِجْنِي وهُنا معتقلي
لا أحتاجُ التطبيلَ أو بعضَ الألحان.

68

عتب

آخر الأحلام
أن يكون عُنقي مقيداً
على جذع شجرة
وأملي لا يموت..
فمن مَلَكَ الدُنيا معكَ
فقد اغتنى
انتظِر!
حتى أقولَ كلمةً واحدةً
وأختصرُ الموعِدَ الطويلَ
بنظرةٍ حنينٍ واحدةٍ
أُنهي الحكاية
وأعودُ حتى أرويها
بِشكل يليق بحبِّنا!
وآخِرُ مَسْعَانا..
أن نضيعَ هذه المرَّة

ولكن ليس في إمكانِنا

أن نترك عتب السِنين

ولا نسأل

لماذا فرَّقَتْنَا..

عن كُلِّ لحظةِ شوق

ضاعتْ في خوف..

أن ننسى

ونعيش لحظة الأمان

في بعضِنا

كأننا الآن قد بدأنا.

تيه

يا له من أمرٍ مُرْهِق
كيف أنَّ كلَّ
الكلماتِ تحترقُ
داخل فمي!
وأنَّ حرارتها تفوقُ مقدرتي
على التحمُّل في أن أُطلِقها
وحين تمرُّ أجمل ذِكراك
بين صفحاتِ عقلي
وتبدأ المناورات الشديدة
التي تكادُ تثيرُ حنقي في مرَّةٍ..
ومراتٍ..
أخرى ترفعني لأعلى السماوات
وتكونُ كالخَدَرِ في جسدي..
تكونُ كالمِدفأة!
ليس لكلماتي فحسب

بل حتى إنها تتركُ عذابي
عذباً.. مثيراً
مع ابتسامة
مَلَكِيّة
شَدِيْدَةِ
الشراسة..
مغمورةٍ بحنانِ
الحبيبِ
لحظةٌ فوضويةٌ
مُبهجةٌ
تُذكِرني بآخر مرَّة
سقطتَّ متعمداً
فيها بين يديَّ
لتعبّر فيها
عن إنهاكك
الشديد
من ظنونِ
الآخرين فينا
لمساتُك

المُعبِّرة
بخطورة
الموقِف
في
دقيقة
رومانتيكية
سِاحرة
تجعلني أشعر بالتوقِ
أكثر لمزيدٍ
مِن
الذكّريات
معك.. و..
أحبُّ كيف أني
أختَرِعُكَ في باطِن
عقلي بدراماتيكية
مُذهلةٍ
وأخلقُ من الذكريات
المُتعَبَة
الصدِئة

علاجاً
ولوناً حياً
ممزوجاً
بالعِشق
والوفاء
ولائي لكِ..
جعلني أراك
كصورة
تجدُ فيها
نفسك
السلطان
الآمر
لعواطِفي
والمُتفجِّر
حِرصاً
حتى يفتِنني
ويا أسفي..!

بأن لأبدأ

نصُوصي

بغيرِ ما أُنهيها.

لحظات نسميها مأساوية.. تكون لحظات مأساة الروح في أوجِ احتياجها لشخصٍ ما أو لِنَقُل لشعورٍ ما...

لأول مرة نشعر بأن عقولنا مليئة بالذكريات، ولكنَّ الحزنَ الأعظمَ بأنَّها ذكرياتٌ فارغة قد تزورك باسمٍ خياليةٍ، أن تشعر بأنك تتصنع الشعور ولكنك لا تتصنعه بتاتاً هو فقط شعور لا تعلم مصدره...

أن تشعر بأنَّ كلَّ عضوٍ في جَسَدِك يخصُّ شخصاً لا تعرفه، أو أنه يريد الاتصال بذلك الشخص. أن تراودك لحظة تغمض فيها عينيكَ، تسمَعُ بِضعَ كلماتٍ دافئة! أن تُحكِمَ قبضة يدكَ بقوَّةٍ وكأنَّك تَحْمِلُ هذا الشَّخْصَ المعنيَّ داخل راحة يدكَ.. أن تشعر تماماً بأنك في لحظة "عُريٍّ".

أن تكونَ في حالة.. لا تعيها كل ما تملكه قلباً ضعيفاً تتراكم فوقه أحاسيسُ باردةٌ، جميلة، تشبه تماماً النسمات! وحتى إنَّك في هذا الوقت تحديداً لا تريد خدشها.

أليست مأساة كبيرة وعظيمة؟

أن تشعرَ بالحبِّ دون وجوده؟ أن تشعرَ بالحبِّ دون حبيب؟ أن تشعرَ بأنَّك نصفُ إنسان وغير مكتمل... أن تشعرَ بأنكَ تستقطعُ الأملَ من داخِلِكَ كما لو أنَّ داخِلَكَ يتمزَّق بقسوةٍ لكنَّك لا تشعر سوى بأنك تريد الاحتفاظ بهذه الأحاسيس مهما كلَّفك الأمر... كل ما تشعر به رغم أنَّك تتألم، لكن هناك شيئاً يظلُّ غائباً، مجهولاً بالوقت عينه.هي لحظات تشعرنا بالألمِ وتمزِّقُنا، لكنَّها دائماً تحوي في حقيقتها طعماً حلواً ومراً في آن واحد.

لماذا هذا هو السؤال الذي يُفتَرضُ أنَّ علينا أن نسألَه، ولكن لا نسأل؟

هوسٌ

يبالغُ فيكَ قلبي
ولا شيء يضاهي
سعادة وجودي
معكَ
أنتَ كلُّ المنطق
الذي أعِيْهِ
وأفهمهُ دون شكٍّ
يُذْكر...
أنتَ هاويتي
البعيدة
جداً هناك
في آخر الأراضين
الذي أتمنى
السُّقوطَ

فيها
كلَّ يومٍ
دون أيّ منجىٰ
وأي سـقوطٍ
أكْمَلُ مِنْ هذا؟
أتمنى ويا لِ
هذه المُنى
التي تقتُلِني كلَّ يومٍ
تعزيراً...
تشيدُ في
عقلي
لقاءاتٍ
مُغوية
تُربِكني
وهي فقط
في الفراغ
أنتَ صوتُ
أفكاري
الحادُّ

الذي يكادُ

أن يصيبني

بالصَّمَمِ

مَنْ بَدَّل

جبروتَ

شخصٍ

مثلي

ومن

أعتقَ

الرُوح

الطيِّبة

فيه..

من مرّ على

هيئةِ

طائرٍ في

برزخي

ونادتْ عليهِ

رغبتي

كَأنها

في مدى طُهرها
دلالات سماوية..
سحر..
لا تُقاطعيني
في هذه اللحظة المِثالية
الفريدة في إحساسِها
ترسمين..
تحت سطوة الشمس
وتظلُّ ألسنة الضوء
تحرسكِ من كل اتجاه
مع كُلِّ بُقعة
تضيء على وجهك
أودُّ لو أنها تعكِس
ما في
قلبي المُعتم وتضيئهُ
من فرط ما خبَّأ هذا الحُب
زمناً طويلاً
أقدَسَ هذه الساعات
الكريمة التي أكونُ

فيها مقتُولاً من شِدَّة

الفِتنة فيكِ

يتمحورُ فيها

عُمري

من يومِ ميلادي

حتى وفاتي

رائِحة الألوان على

راحةِ يديكِ

كأنها

تُنبئ بقدومِ الآخرة

يلتهبُ

بنشوتِها

دِماغي

حتى يكادُ

العِشق

بما يعبثُه داخلي

أن يبثَّ ناراً

مِن ضُلوعي

تُشاهِديني

باستمتاعٍ كبير

وكأنها آخر
أمانيكِ.. كانت
أن تُعذبيني!

جنون

لا تحاولي الهُروب أو

أن تستثيريني

سأظلُ أنتظركِ

كشخصٍ ممسُوس

وأبحثُ

في تفاصيلكِ

كأني مواطنٌ حُرٌّ

فقد أخاهُ في حربٍ

وعادَ حتى يتسلمَ

آخِرَ ما تبقَّى

مِن أحشائه

ويكون بُكائي أكثرَ

قسوة مِن

ذي قبل سيعبثُ

الألمَ وينخُر

داخِلي ويتغلغل

كأعنفِ درجات

البرد...ستكون

نُصوصي

حادَّةٌ

تفتِكُ بكلُ ما بَعْدَها

مِن نصوصِ الحُزن

تزيدُ من مهانةِ الحُب

وتتركُ الغريق غريقاً.

رجاء

من ناداني خلفَ

أسوارِ البُحور

وشعرتُ

بأني طائرٌ مِن نُورٍ

حينَ نِدائِه...

أضوَاني ليلُه

وأودعتُ عِندُه سِرِّيَ

من أشعل لهيبي في

لحظة الهَدا؟

وأطلقَ معهُ آخر الأحلام

وجعلني مجردةَ الهوى

كأني أزفُر آخر الأيام تعباً

من نسي لهفة النظرة؟

وكتبَ بيديه آخر القِصَّة؟

كيف لي أن أعيدَ ماضياً من حرير؟

لا الغيثُ في انهِماره يذكُرنا

ولا أضواء الطريق إن رأتنا كُسَارَى

تحنُّ وتسنِدُنا

مَنْ قَدْ يُجَازي

مُخَيِّبِ ظُنونِ الهوى

قلادةً أو وساماً؟

إن كان هذا تحتَ سياطِ العِشق

يا ظالمي ضرباً مِن الجُنون.

اسألهُ تحت غشاوة الإدراك
بنفحة مِن رجاءِ
إذا كُنا عِشنا أكثر مما عاشهُ
ألف عشيق..
وإذا كانت الحياة أشدَّ إنصافاً
من أن تُدير ظهرها عن
عذاب فؤادين اجتمعا على
ضِفَّة من النعيم
مُرتخية الشِباك
تظلُ شامِته!
في رُوح قلبي أنا
تحاول استعبادِي
حتى ترميني بِدمي
وتُنسيني

تُنسيني!

أني قد ملكتُ لكَ

في يومٍ وِداداً

تقطعُ ترياقَ

حياتي وتجعلني

احتضِر سنيناً أمداداً

لا أشكو لها عن ظَرْفِ حنيني

وأمَّا عن حنيني أنا

يحرق أكثرَ مِن الجَمْرِ

يبني سِكةً لِطمُوحَاتي

يخلقُ زورقاً أبيضَ لأحلامي

لو أدركُوا الحقيقةَ كُلها

لأحبُوكَ مِني

وما أبغضُوني.

انتظار

عهداً تعاهدنا

وتخالُني نسيت؟

انتظرتُك على جميع الأبواب

كانتْ خشيتي

أن تدوسَ علىٰ أرض خوفي

وهأنا أتجرَّدُ مِن مِلكيَّتِها

وأنسى دنُيا هنائِي...

لم أعُد أناديكَ

وتأتيني كالسابق

كالبرقِ يضربُ الأرض

حتى يتّحِد مع ألماستي

أنتَ الآن

هيجان سكون آلامي

ككسر دائم في العَظْلِ

وأني

أحاوِلُ جاهداً ألا يثُور كَسري

يا لعوباً بالغرامِ

وفياضاً لِغيرتي

يا عددَ مراتِ انتظاري اليومَ

ولا تفريطي فيَّ غداً.

ضياع

باحِثَة عن السؤُال

وليس عَندي أكثر

من فينا الغريبِ أنتَ أم أنا؟

لستُ أُفَرّق بين بُعدك

وابتعادي

فكِلانا بعيدٌ..

من يا تُرى..

سيغني لحناً حزيناً

ندماً على الآخر؟

من سوف يكرهُ الشتاء

الذي صادف بيننا

وينسى بُرودة الثلج؟

مَنْ بطلُ القِصةِ المخذُول؟

الذي بات مُختبئاً تحت الظلمُة

يحاوِر حُبَّه؟

ومن هرب تمرُداً وظلّ يغترِبُ؟

"تأخرنا"..

وسبقنا المُوعد

من منا سيرسِلُ سلاماً

ومن سيحلِّقُ وداعاً

من هان عندهُ كلام العُيون

من رافق الانتظار

في كل الفصُول

من فقدَ ثِقتهُ في الحُب

ومن وقَّعَ عقداً آخر معه؟

من سيعود محمَّلاً بالندم؟

ومن سيساوِرهُ الحنين؟

قلق

تَنفُضُ دموعي شلالاً

هاربة من مداعبات

اليـوم وكُل يوم

أخافُ أن تسطُو على ذاكرتي

وفي ساعة من الساعات

أتوقف

أتذكّرك وأودُ لو أهدأ

لكنّي من غير حيلة

أكونُ

محترقاً كاللّهب

لا أدري!

خوفاً أم شوقاً

أو غِيرةً عَليك

من أعدائِي

في أحلامي

ما نفعُ صبري الخائنِ

ألا ليتَ صبري!

أنقذني

من كُلِّ اللومِ

تِجاهَك

أتمنى لو مدّ لي

نِصف العون

وأزالَ

عطبَ جُروحي

وتناسيتُكَ حتى

لو لم أستطع نِسيانكَ

أناديكَ من آخر دنيانا..

الجميلُ

وأعزُّ الناسِ

على قلبي

وليلتي الهادِئة

الهانِئة

الشـوقُ حادٌّ

على قلبي

كغصنٍ مقطوعٍ

مِن الجحيم

غداً يصلك

الشـوق حاراً

وتعيشُ أسوأ

ما عِشْتُهُ

أنا في

لياليه

وحينها

قد يصعب

عليكَ حُضني

وتحمِل جِراحك

وحدكَ

سـوفَ تخشى السَّهر

ولن يكُون

هناك

تحتَ

أحلكِ الليالي

سِوى رجاءٍ

بين ضُلوعكَ

وقدْ

يُخْلِفُ حضني وُعوده

فحتى "أحضان الحبايب"

تخُون.

تولُّع

مِن عظيمِ
رغبتي في
وِصالكَ
أفقدُ سيطرتي عندما...
وتتعبُ حواسي
مِن!
أغنيةِ مجهولة أسمعها
لكني
لا أعرِضُها
تخُصُّ وِحدتنا وحُبنا
الهمجي
العنيف
الخالِص...
أغنيةٌ طَرَقَتْ

قلباً محميّاً

مصنوعاً مِن فُولاذ

استطاعت الولوجَ إليه

وغلبتهُ بالقوة

في حالة حنين

ثُم حلَّقتُ

وكأنَّ ظِلالكَ

تحفُّني مِن كُل صوب

طِرتُ

وأنا أحمِل مشاعِري

بحرصٍ شديدٍ

اصطدمتُ بأولَ وثانيَ

ذِكرانا

وصمدتُّ

واصلتُ مسيري

بين مطباتٍ عِشقيةٍ

في الوقت الضيّق

الذي عرفتُك فيه

وتذكَّرت

تذكَّرت!

ثُم خارت قِواي

وبكيت.

أمان

حبستُك

في ذُهولِ

ذِهني

نزعتُ الكلمات

من كُل الأفواه

حتى أعطيكَ

يا ليليَ حقَّكَ

من الغراميات

وعشتُ هيستيريا

الخوف أن ترمِش

جُفوني وتُوحي

بِضعفي

وتفوتني مُتعتكَ

وفِطنتكَ المُغتَصبةُ

لِهدوئي وبشاشتي

تضمُ بعضي

كِحلقة حانِيةٍ

دونَ

أن تُشعِرني بِثقلِك

تُطلق عليَّ نفحاتِ

مودَّة

ثمِينةٍ

رفِيعة

المقام

لِتُصبحَ قيصرَ

عَيشي الرَغيد

تغفِر لي

عُقوقي فيكَ

إن قطعتُ

وصلي بِك

أرى

فضائِلِك

الحميمية

تسقطُ
بِغزارة
على
جَسدي
تُهدم ثِقتَهُ
وتزيد رونَقَهُ.

هيستيريا

أحتِضنُ الجُدران
أن أحاول الاحتماء
خلف الظِّلال
الكبيرة
الشَّقُّ هنا
في صدري
انظُرْ إليهِ
تحوَّل لجنودٍ سُود
ذابَ الماضي
في قَدَرِي
وعقدُوا شريطاً
من الحقيقة
واختلسوا مِن
أحلامي

تضامناً ضِدي

كقِطعة مِن النُحاس

الفضي بِأطرافٍ

خادِشةٍ

في حُلْكةِ الظَّلام

بين دُفعَاتٍ من البريق

الضبابِي

تأتي، وكيدُ حبيبٍ

يخطِّطُ لي

مِنْ بعيدٍ

أفقتُ!

في حالةٍ

من الازدراء الجائع

في اللحظة الزمنية

الحاضِرة، وخوفٌ لا يتأصَّل

مِن خوفٍ

لا أحد يستجيب...

خريرٌ مِن البُكاء

صَنَعَ بُحيرةً.. ولكن

بماءٍ
أحمرَ دامٍ
كابوسٌ مقطوع
مِن أصلِ الحقيقة
حتى رأيتُ أنا!
أُشْنَقُ
رعباً
على حافَّةِ سريري
كأعوادِ كبريت
جافَّةٍ
وصخرة لا تُطرق
وفهمتُ حين قاومتُهُ
أنهُ "فَقْدِيَ"
ظَلَّ يَتبعُني
هذا الموتُ الحي
الذي يطفُو على السطح..
والموتُ الميِّتُ
في جَوفي.

(٢)

أنادي إلهِي

وجِهَي

عندما

أكونُ ضائعاً

بين القارات الثلاث

وهناك من يهزأ بي

عندما أكتُبُه

يعجزُون عَنْ فَهْمِ

كيف أني أُجيدُ

تشييد ما في العُيونِ

من مشاعرِ رثَّة

وزوّار القلب الذين

لا يُطَاقُونَ

يقولون بأني: أُشْبِهُ

موزةً مستلقيةً

وأنا من شِدَّة انتّباهي

أرى حبليَ الشـوكيَّ

فأن أكونَ صفراءَ اللونِ

يعني أن أكُون مضاءة
في الظَّلامِ أُحَدِّقُ فيهِ
ينعكسُ مُمتدّاً
أمام ناظِري
تخرجُ الكلمة
ومِنْ قَلبِ
الخوفِ
تجعلني مهزُوزةً
كفراشةٍ مُبتلَّة
أتعرَّقُ بِغزارةٍ
كزجاجةٍ ماءِ وردٍ
ذابت من فرطِ الحرارة
يطمعُون في قُدرتي
للتعبير عنه
أنا أرى نافِذتين
في نفس الغرفة
واحدة أرى فيها الصباح
بملامِحه الوُضّاءة المُثيرة
وأُخرى أسمعُ مِنها عويلي

عليه

آخر الليل كل ذلِك

في منظرٍ واحِدٍ

أرى مواسم المِيلاد في قهقهاتِه

وأعداداً كبيرة مِن الجنائِز في سيلِ

دُموعِهِ

السعادةُ والبُكاءُ معاً

جميعها في نفس الُغرفة

على السرير...

أمل

ليس لهُ ضِدٌّ

تمرُّ لمستُه

كعاصِفةٍ هوجاء

تجعلني كالطائِر

الجائِع وراءه

حتى أتذوقها

أُفَكِّر:

كيف للجنون المُثار

في منابِتِ فِكري

أن يكون كطاحونة

قَوِيَّةٍ

من ألمٍ..

تعيد تكرار الذِكريات

أن أصيغك على لِساني

بِأرقِ وأسفلِ
الكلماتِ
مع ذلِك "أُحِبك"..
أن أتشبَّعَ ندماً على
تشبُثي بِ
دقيقةٍ ونِصف
من التحليق السعيد
والارتطام بِشِدَّة
من هولِ الصَّدمة
ويغلِبني حُبيَ...
وأفيقُ..
لا تمهلني
في الاستنكارِ
لحظةً
ولا تُعاودُ
هذا الضياع
لإعادة ثورة
الوِحْدَة
فأنا لن أبرحَ"..

نصيبي وعذابي

من ليالي حُبٍّ

الكلمات هنا ما أثمنَها!

نِصفُ

كلمةٍ قد تُحيي

وأخرى

قُد تُصيبكَ...

وكثيرٌ منها قد تُمِيْتُ

وأنا بِلوْعَتِي

أرتَجِي كُلَّ رحّالٍ يجيئك

يحمِلُ رائِحتي أو بعضاً

مِن صِفَاتِي

يقوّي ذاكِرتك

لعلكّ إذا ما نسيتني

تذكُرني.

تمنِ

تسمعني وتراني؟
أم أنك لا تُبالي
بحجُتي
أو تأجُج نِيراني
إذاً دعني
أكُن طليقةً
في بهوِ حبِك
فرُحماك!
أُقدِّر جُنونكَ ولكن..
من أنتَ عندي؟
أدرك أن بهائي قويٌّ
وأُحُب أنّكَ من فرطِ جذبِي
لا تُقاومهُ
تعال...
وأطِع ربَّ الجمالِ

فكُلنا لِلجمالِ يخضعُ

أُفسِدُ عليكَ ظُلمَتكَ لوهلةٍ

وفي نوري آه لو نمضي سوياً

فالحبُ في الضياءِ أوْنَسُ

من مِنّا قتيلُ الآخرِ؟

لا يَهُمُّ!

من فينا

بالشوقِ في بردِ الليلِ يُذبحُ

لا يَهُمُّ

لا حسِابَ عندي في الشوق

ما مِن ناصرٍ في العِشق

غيرِ القلب

الذي يصدحُ..

ما أوْحَى إليكَ نَظَري

بحنانٍ

كُنتَ أنتَ

عنهُ صامداً

إنْ أُطِل فيك

النظَر حتى

تبيضّ عيناي
لعلَّكَ أفصحتَ
اليومَ؟
لا!
معاذ ربي وربُك
أن تُخْسرَ النظرَ.

عويل

في لحظةِ كبْتٍ.. أخشاني..
أن أفقد سيطرتي عليَّ
وتفيضُ المشاعرُ إجباراً
كخريرِ الماءِ
وأن تصبُّ في غيرِ
جدولِها
وأقولُ إنه اخضَرَّ ربيعي
فيخضرُّ
ربيعُ غريبٍ!
أرفُضُ أن أفقد نباهتي
وينتقدني أشرافُ الحُبِّ
ويجُردني لحنٌ حزينٌ
من شمُوخي
ويتعالى عليَّ في
رقصة وداعٍ أخيرةٍ

أنْ أصرخ وسطَ ضوضاء
صاخِبة ولا سميع!
أنْ أنْشُدَ الرجاء لا غيرهُ
أنْ أبكي بِحُرقة
كتقطُّعاتٍ
بينَ
شهِقاتِ
عازِفِ
النّاي
أنْ يقلِّبَني الوجع
وكأنهُ ظهيرةٌ حارِقةٌ
أخْشى أن أكونَ
كإحدى البُثور
أو الشَّاماتِ
على وجهِكَ
تخجلُ مِنها
تُخبِّئُها
تزدرِي مِنها
أخافُ

أن يكون الوقتُ
ليس مِلكي
وأغتصِبه من أيامِ
مجهولٍ آخر تفضِلينه غيري
أن أرى ظِلَّ محبوبِك
وغفلةً مني قد أحسَبهُ
ظِلِّي
أن أذُوب في غيرِ مَحلِّي
وأفرِشَ أحلامِي بالطُّوبِ
وأسكنها وحيداً!
وأستنكر أن
تكونَ هذهِ
كِذبةً بيننا
وأرمي بِظلمِك
للزمان
أنْ تحفَّني غمامةُ
العشَّاقِ
وأظلُّ مخدوعة.

انتماء

أنتَ تعرفُني
معك لا أختبئ خلف
السلالِم المُنهارة
لا أخبّئُ الدموع
ولا أسرِق الهُدوء
لا أخافُ من
نحيبي الشَجيِّ
وكمائِني
الشيطانية
واضِحة
أنتَ
أرضٌ ضخمةٌ
لا حصرَ لها
عندكَ لي أكبر مساحاتٍ

الاحتواء

صبركَ لي لا ينفد

هذياني

أُغنياتٍ عِنْدَكَ

لمساتيَ

وإن كانت مُؤلمة

تجعلكَ أكثرَ فخراً

مروري عليكَ

ولو كان كِراماً

يبعث الفرقَ

في رُوحِكَ

تعرفُ الحزنَ

في البُعدِ

نُشكِّل ثنائياً

جيداً جداً

أُبديكَ عليَّ

أوثِرك على نفسي

أنتَ تستحقُّ...

يملؤني الكثير

مِن الرِضا

حتى الغيابَ

لا يُحاصِرُنا

لن يُسقطني

عاشقاً

مريضاً

ضعيفاً

فذنبي

أكبرَ إن هُزمتُ

ربَّاتُ الجَمالِ

قبلي، قد خَضَعْنَ

وأنا في عِزِّ ذُبولي

باقٍ فيَّ المُنى

مِن المُؤكَّد

أن الشوقَ

فيك طاغٍ

مثلما يطغى

عليَّ في النَّظَرِ

في الفِعلِ

في الانفعال
واضحةً قسوتُهُ
على قلبيَ
بسخريةٍ
أُشاهِدهُ
في مرآتي
على جبهتي
وذِراعيَّ
حتى
حتى إنَّهُ
يوجِّهُ قَدمي
أنا حين أصِفك لِلجميع
أبدأُ كمن يتقدمُ
نحو بحرٍ هائج
ويبدأ بالغوص
فيه
للعُمق!
فأعمقّ..
فأعمق...

فبدايَتُكَ

اختِلافٌ

ونهايَتُكَ

غامِضَةٌ

ما أبدعَ

أن نقترِن

نحن الاثنان

على صِراطٍ واحِدٍ

واثقين

فيه بالنجاة.

ارتیاب

عِند زوالِ آخر الليل

عند خُروج

زِفيري الذي يلتهب

أركضُ نحوك

وأرى أهمِّيَّة وجود

أي كائن

أو جسد أو

حتى تمثال

لا يُقلِقني

إذا كان لا بدُّ من إصدار صوت

يُخفي أنيني

أي ضجيجٍ! يُطمئني

يُشاركني

ذاتَ الفراغ الأزرق الداكن

المليءِ بالنُّقاطِ البيضاء
والنُّقاط السوداء التي تبدُو
لي أنها هاربةٍ مِن
أحضانِ الأحرُف
الأبجدية
كَوني وكونُكَ أصبحا
مُتحِدينِ
فقط في لحظة خَوفي
تعرِف
فأنا لن يسعني أن
أكون بِرفقة سُمٍّ آخرَ
يُشبِهني
أو حتى بعيدٍ عنِّي
فضائي الخاص!
أو مملكتيَ الكبيرة
سمِّها ما شِئت..
الذي هو بالكاد أن
يكونُ ملاذي أنا وحدي
هذِه حقيقتي

لن تجهلها..
وأنا حقاً
أَمقُتُ أن
تكُون بالنسبةِ لي
كآية مُباركة
أُنْصِتُ إليها
وتجبِرُني على الصَّمتِ
هذهِ سُلفة ثقيلة
على قلبي
لِتمنحني
الخشوع اللازِم
لِفكري
واستقرار أرضَ رُوحي
الداخلية الخلَّابة
أنتَ حالة مِن الجُنون
الذي يُراودني
غالباً
تعمل كمهدئٍ مؤَقَّتٍ
لساعاتٍ ثُمَّ

تزُول

لا تُصدِق

بأنَّك تستطيع أن

تُريح

عنائي

وهَوَسِي الواسِع

عن مداك

أنت ذُو قوة محدُودة

لا تملِك مِن الأمرِ شيئاً

أنا نفسي لا أُصيغُني

توقف.

لا تَتُه مِثلي

فأنا نفسي قَد تُهتُ مِني!